Notice lue en séance de la Société des Sciences historiques et naturelles
de l'Yonne, le 22 novembre 1871.

MONTALEMBERT

HOMME POLITIQUE ET HOMME PRIVÉ

PAR

Ch. DE KIRWAN

AUXERRE

IMPRIMERIE ET LITHOGRAPHIE DE GUSTAVE PERRIQUET

Rue de Paris, 31

1872

MONTALEMBERT

HOMME POLITIQUE ET HOMME PRIVÉ

(Extrait du *Bulletin de la Société des Sciences de* l'Yonne, 2e semestre 1871.)

Notice lue en séance de la Société des Sciences historiques et naturelles
de l'Yonne, le 22 novembre 1871.

MONTALEMBERT

HOMME POLITIQUE ET HOMME PRIVÉ

PAR

CH. DE KIRWAN

AUXERRE

IMPRIMERIE ET LITHOGRAPHIE DE GUSTAVE PERRIQUET

RUE DE PARIS, 31

1872

MONTALEMBERT

HOMME POLITIQUE ET HOMME PRIVÉ

> *Fero et spero*
> *Donec criminis fortunam pudeat sui!*
> Je souffre et j'espère
> En attendant que le crime lui-même rougisse de ses triomphes!

Messieurs,

C'est une louable et pieuse pensée qui vous a fait décider, il y a dix-huit mois, — à une époque, hélas! où rien encore ne faisait pressentir le cataclysme politique et social qui menaçait notre infortunée patrie, — qu'une notice vous serait présentée sur votre illustre confrère, le comte de Montalembert, mort à un âge relativement peu avancé, à la suite d'une longue et cruelle maladie.

C'est aussi une pensée d'équité et de justice. Nul n'appréciait mieux que M. de Montalembert le but, les travaux et les efforts de votre Société. Il aimait aussi votre département et le distinguait entre beaucoup d'autres pour les travaux intellectuels qui s'y accomplissent. Parmi les lettres pleines de bienveillance dont il a honoré l'auteur de ces lignes, qui les conserve comme un doux et cher souvenir, il en est une écrite dans les derniers temps de cette vie si remplie, et qui, dans la familiarité d'une causerie toute privée, laisse percer incidemment la grande estime dont vous étiez l'objet de sa part. Permettez-moi de vous en citer quelques fragments (1) :

« La Roche-en-Brenil, ce 3 août 1869.

« Votre lettre du 10 juin m'est arrivée entre deux phases bien douloureuses et bien prolongées de ma triste maladie. Je n'ai pas pu vous répondre jusqu'à présent ; mais je profite de l'amélioration provisoire que j'éprouve en ce moment et depuis que M. Nélaton a eu la bonne idée de m'envoyer respirer l'air du Morvan, pour vous remercier et surtout pour vous féliciter de votre nomination à Auxerre. Quoique le chemin de fer d'Auxerre à Avallon soit bien loin d'être terminé, nous nous regardons comme plus ou moins voisins de cette ville, ainsi que de tout le département de l'Yonne. J'espère que vous profiterez de ce voisinage pour venir souvent nous voir, etc. »

---

(1) Les lettres ou fragments de lettres de M. de Montalembert, cités dans ce travail, ne sont publiés que sur l'expresse autorisation de sa famille, la publicité de ces lettres, aux termes des lois en vigueur, appartenant tout autant aux héritiers de leur auteur qu'à leurs destinataires ou possesseurs.

Un peu plus loin, il ajoutait en post-scriptum et de sa propre main :

« Quand vous serez établi à Auxerre, vous ferez certainement partie de la Société des sciences *historiques* et naturelles de cette ville, dont je suis membre depuis vingt ans, et qui publie des *Mémoires* fort intéressants dont j'ai la collection. Je vous prierai, à cette occasion, de prendre des informations sur ce que devient la publication des *Lettres de l'abbé Lebeuf*, faite par ladite Société et dont je n'ai reçu que le tome Ier, paru en 1866. Il doit y en avoir deux ou trois autres, si je ne me trompe. Vous aurez aussi, j'en suis sûr, la bonté de m'apporter les *Annuaires de l'Yonne*, depuis 1865 inclusivement, lorsque vous viendrez nous voir. Cet annuaire est, sans comparaison, le meilleur de tous ceux qui se publient dans les divers départements. Vous voyez à quel point je compte abuser de votre complaisance de voisin et d'ami. »

Ces témoignages d'estime pour votre pays et vos travaux sont loin, Messieurs, d'être dénués de valeur, venant d'une telle source, surtout aux yeux de qui fut assez fortuné pour en recevoir, de la bouche même de leur auteur, le sympathique et chaleureux commentaire.

*
* *

Politique, orateur, archéologue, historien, et, fait peu connu, sylviculteur à ses heures de loisir, le comte de Montalembert est un de ces hommes dont le portrait sincère et complet ne peut entrer dans un cadre restreint, tant ils offrent à l'étude de leurs contemporains des aspects variés et nombreux bien qu'associés dans une unité harmonieuse.

Deux de ces aspects, Messieurs, me paraissent plus particulièrement propres à soutenir votre intérêt : l'un, moins aperçu que d'autres, consiste en quelques traits de la vie intime et privée; le second, plus peut-être que les admirables écrits de l'auteur de *Sainte-Elisabeth* et des *Moines d'Occident,* plus encore que les chefs-d'œuvre et les éclats d'éloquence d'un des premiers orateurs du siècle, fera, aux yeux de la postérité, son principal titre de gloire : je veux parler du caractère de l'homme. Le caractère! cette [noblesse des âmes que le besoin de domination n'avait que trop réussi à abaisser parmi nous; mais qui, véritable sel des nations, se relèvera d'elle-même, n'en doutons pas, lorsque notre chère patrie, qui se cherche encore et se débat sous l'action de germes funestes depuis longtemps déposés dans son sein, aura retrouvé et ressaisi d'une main ferme et sûre d'elle-même la direction de ses destinées.

I

Charles-Forbes-René, comte de Montalembert, de l'Académie française, ancien pair de France, ancien député du Doubs aux Assemblées Constituante et Législative et au Corps législatif, mort à Paris le 13 mars 1870, était né à Londres le 29 mai 1810, de Marc-René de Montalembert, gentilhomme français jeté dès l'âge de quinze ans en Angleterre par la Révolution, et d'Elise Forbes, de la maison des comtes de Granard, l'une des plus illustres familles de l'Écosse (1).

(1) Il est d'usage, dans beaucoup de familles anglaises, de donner à l'enfant, comme prénom, le nom de famille de son

A l'âge de quatre ans, le jeune Charles fut ramené en France et fit de brillantes études successivement aux colléges des Ecossais et de Sainte-Barbe (1). Le long séjour de sa famille paternelle en Angleterre, non moins que ses relations de parenté maternelle, portèrent en lui d'heureux fruits; c'est par là qu'il put apprécier et étudier à ses sources l'esprit de cette grande et fière nation anglaise qui, par elle-même aussi bien que par les peuples issus de son sein, donne partout au monde ce consolant spectacle : une liberté féconde, *loyalement* pratiquée par tous les partis, garantie et sauvegarde de l'ordre social, bien loin de prêter son nom comme un voile trompeur aux hommes d'oppression et de désordre. C'est là sans doute que le jeune Montalembert puisa cet ardent amour de la liberté qui fut, jusqu'à son dernier soupir, l'une des deux grandes passions de sa vie.

J'ai dit : « l'une des deux passions de sa vie ». Son autre passion, plus noble et plus élevée encore, fut un dévouement absolu joint à un amour filial et tendre pour l'Eglise catholique, dont il fut pendant quarante ans le défenseur obstiné et intrépide. Et le service passionné de ces deux causes, qu'il ne sépara jamais dans son cœur, firent de Montalembert à la fois l'un des grands chrétiens et l'un des grands citoyens de son temps et de son pays.

---

parrain. C'est ainsi que le nom de Forbes était porté par M. de Montalembert, filleul de son grand-père.

(1) Et non aux colléges Henri IV et Rollin, comme on l'a dit par erreur.

Nul n'ignore quelle fut la noble et puissante originalité de ses débuts dans la vie politique et dans l'art oratoire; mais, si connu que soit l'épisode du procès de l'école libre, il est de ceux qu'on ne se lasse jamais de redire et d'entendre, parce qu'il offre à notre observation le tableau de ces mœurs viriles, de cette mâle pratique de la liberté, trop rares malheureusement parmi nous, et qui, dédaignant de recourir à la force, à la violence ou à l'injure, affirment le droit en le pratiquant, et finissent par en imposer au moins le souci et la discussion.

Un grand nombre de pères de famille et d'autres citoyens avaient, en 1831, pétitionné à la Chambre des pairs en faveur de la liberté de l'enseignement promise par la Charte constitutionnelle, et la pétition, renvoyée par la chambre haute au ministre, n'avait obtenu de ce dernier qu'un dédaigneux silence. Un admirable exemple d'initiative et de résistance légale fut alors donné par trois jeunes gens, presque des enfants, qui s'appelaient : de Coux, Lacordaire et Montalembert. Ils avaient résolu de constater leur droit en le mettant en acte. Une petite chambre est louée, un large écriteau en fait connaître la destination en ces termes, tracés en gros caractères :

LIBERTÉ D'ENSEIGNEMENT.

AGENCE GÉNÉRALE POUR LA LIBERTÉ RELIGIEUSE.

ÉCOLE GRATUITE.

Dès le lendemain, quelques enfants répondent à l'appel, et, avant la fin de la deuxième leçon, la police intervient pour fermer l'école. Les jeunes instituteurs, déjà grands citoyens, ne répondent point par d'aigres paroles, mais ils signent séance tenante un acte de protestation rédigé par Lacordaire; puis ils indiquent à leurs élèves l'ordre des leçons pour le lendemain.

« — Au nom de la loi, s'écrie avec force l'agent de police surpris, je déclare l'école fermée et j'avertis les enfants qu'ils n'aient plus à s'y présenter avant la décision de la justice.

« — L'heure de notre séparation accoutumée étant venue, dit gravement Lacordaire, nous allons prier et nous retirer. »

La même scène se renouvelle le lendemain d'une manière plus accentuée encore, mais toujours, de la part des enfants et de leurs trois jeunes maîtres, avec calme et dignité; et l'école improvisée ne put être dissoute que lorsque les sergents de ville employèrent la force.

On sait le reste. Les trois instituteurs furent traduits en police correctionnelle : ils réclamèrent un jury; on les renvoya à la cour d'assises. Sur ces entrefaites, le père du jeune de Montalembert mourut après une courte maladie, et cette mort investissant héréditairement son fils de sa dignité, ce dernier devenait justiciable de la Chambre des pairs, bien qu'il n'eût pas encore atteint l'âge requis pour siéger au sein de la noble assemblée. La prévention soulevant un délit indivisible, les co-accusés de Montalembert le suivirent devant cette juridiction. Le 15 septembre 1831, tous trois parurent sans embarras et avec une noble assurance à la barre de la chambre haute.

Une tristesse simple et grave, causée par la perte

récente de son père, était empreinte sur les traits du jeune pair de France. « La pâleur de son visage que faisait ressortir la longue chevelure noire qui l'encadrait, dit un biographe (1), son œil vif et mélancolique, sa tenue sévère et son maintien plein de dignité, donnaient à son extrême jeunesse un air de grandeur qui inspirait tout à la fois l'affection et le respect. Lorsque son tour de parler fut arrivé, il se leva. Un profond silence se fit et l'on procéda aux questions d'usage :

« — Votre nom? dit le président.

« — Charles, comte de Montalembert, pair de France.

« — Votre âge?

« — Vingt-un ans.

« — Votre profession?

« — Maître d'école. »

Et le pair de France maître d'école prit la parole, et son discours fut moralement un long triomphe. « L'accusé s'était fait accusateur; on avait oublié le délit, la prévention, les juges; le banc des accusés était une tribune, et l'on écoutait dans un religieux silence ce jeune homme de vingt-un ans, qui, du premier bond, se plaçait hors de ligne dans l'élite des orateurs de la Chambre et de la France. En relisant ce discours à un si grand éloignement de date et de température morale surtout, on retrouve les émotions de cette chaude journée, et l'on se rappelle le mot si heureux et si juste d'un spirituel

---

(1) M. l'abbé Dourlens. *M. de Montalembert et extraits de ses œuvres.*

académicien (1), nous montrant la noble Chambre souriant « à l'éloquence pleine de verve d'un des complices, « comme un aïeul à la vivacité généreuse et mutine du « dernier enfant de sa race (2). »

Au point de vue du caractère et des tendances de sa vie entière, on peut dire, Messieurs, que Montalembert est tout entier dans cet épisode. En quelque lieu de sa vie ou de ses œuvres qu'on étudie cette belle figure politique, c'est toujours le droit, la liberté seuls revendiqués que l'on y trouve, c'est toujours la cause de l'Eglise servie par les seules armes de la liberté. Jetez les yeux sur la liste de ses ouvrages (3), quelles sont les causes qui y font le sujet le plus habituel de ses ardentes luttes ou de ses polémiques vengeresses au sein des parlements ou dans la presse? C'est la liberté de l'enseignement, c'est la liberté de la presse, c'est la liberté des ordres religieux, c'est l'émancipation des esclaves, c'est aussi la cause des nations ou des groupes de nations opprimées, en Irlande, en Suisse, en Pologne, c'est enfin l'indépendance du Saint-Siége et la liberté de l'Eglise, cette liberté à laquelle Elle aussi a droit et dont, à tout considérer avec un esprit honnête et impartial, elle fut la première et longtemps la seule initiatrice dans le monde. Voilà, Messieurs, quels sont les objets du dévouement militant du comte de Montalembert.

Mais, entendons-nous bien. Il ne s'agit pas ici de

(1) M. le prince Albert de Broglie. *Discours de réception à l'Académie française.*

(2) *Vie du père Lacordaire,* par le père Chocarne.

(3) Cette liste existe très complète et très détaillée dans la *Revue bibliographique,* livraison d'avril 1870, page 220.

« cette liberté de privilége que les esprits attardés dans l'archéologie du moyen-âge peuvent seuls réclamer pour l'Eglise », — ainsi s'exprimait à la Sorbonne, le 23 mars 1870, en prononçant l'oraison funèbre du grand orateur, le P. Adolphe Perraud, prêtre de l'Oratoire et professeur d'histoire à la faculté de théologie; « mais de cette liberté commune garantie par le respect des autres libertés et par la loyauté de ses propres enfants ; cette liberté nécessaire, mais suffisante, avec laquelle l'Eglise se charge de faire l'œuvre de Dieu en ce monde, sans revendiquer d'autres priviléges que l'honneur de se dépenser sans mesure, pour éclairer, instruire, guérir, sauver les âmes (1). »

Vous le voyez, les causes faciles, la cause des puis-

---

(1) Cette défense de l'Eglise pour la liberté de droit commun et non pour la liberté de privilége a toujours été la ligne constante de Montalembert, quoique parfois les contemporains aient pris le change à ce sujet. Mais il n'a jamais perdu une occasion de protester contre une telle imputation.

Il le faisait encore un mois avant sa mort. On en aura la preuve en lisant la lettre suivante qu'il écrivait, le 11 février 1870, à un Auxerrois, son ancien collègue à la Législative, homme d'opinions, alors surtout, bien différentes, mais profondément honnête et toujours loyal et courtois adversaire, l'honorable M. Savatier-Laroche, qui, dans un récent ouvrage, *Les Profils parlementaires*, s'était absolument mépris sur les tendances, en cette matière, de l'illustre défenseur de l'Église.

Je reproduis cette lettre en son entier, pour ne pas mutiler une œuvre épistolaire aussi achevée :

« Paris, ce 11 février 1870.

« Mon cher ancien collègue,

« Vous m'avez procuré la plus aimable surprise en me faisant l'honneur de m'adresser vos *Profils parlementaires*. Après

sants et des heureux, n'étaient point celles qui tentaient son zèle ; mais nulle oppression, nulle iniquité, nulle violation du droit par la force ne le trouvait insensible et n'échappait au stigmate de ses accusations émues et éloquentes. Courtisan habituel des opprimés et des victimes, il ne lui est guère arrivé qu'une fois de célébrer et d'exalter des vainqueurs ; il s'agissait de la vic-

vingt ans écoulés dans le silence et l'oubli, vous voulez bien vous souvenir d'un homme qui n'avait que quarante ans quand il a fait son dernier discours, et vous le placez au premier rang des orateurs que vous avez entendus. Hélas ! mon cher ancien collègue, il n'y a que vous pour avoir une mémoire à la fois aussi fidèle et aussi indulgente. Je serais peut-être devenu un orateur si on m'en avait laissé le temps ; car, quoi que vous en disiez, l'adage, « *Nascuntur poetæ fiunt oratores* » n'est que trop vrai, comme je le sais par expérience. Mais une implacable destinée m'a condamné à finir ma carrière oratoire à l'âge où M. Berryer et M. Guizot ont commencé la leur, et le suffrage universel, auquel j'en ai appelé deux fois, a deux fois ratifié la sentence du second Empire. A propos de M. Guizot, il est venu me voir au moment où j'achevais la lecture de votre précieux volume. Je lui ai lu le passage où il est question de lui ; il en a paru charmé. Je crois que vous ferez bien de lui envoyer un exemplaire, en l'adressant à son modeste troisième étage de la rue Billault, n° 10. Cet envoi vous vaudra probablement un de ces billets autographes aussi bien tournés que bien écrits, où se révèle la prodigieuse jeunesse de cet illustre octogénaire, qui a encore la tête aussi haute, la marche aussi sûre, les yeux et la main aussi dispos qu'en 1830.

« J'en reviens à votre livre.

« Sans pouvoir accepter tous vos jugements sur les hommes et sur les choses, j'aime à vous assurer que je me suis senti, en vous lisant, presque toujours d'accord avec vous. J'admire toire des Américains du Nord sur les esclavagistes du Sud, et lui-même s'étonnait de cet heureux, mais étrange concours.

« Saluons, s'écriait-il en mai 1865 dans le *Correspondant*, saluons avec une satisfaction sans mélange l'heu-

cordialement l'exactitude et la sincérité de vos appréciations. J'ai surtout goûté vos notices sur Dufaure et Lamartine et votre article général, p. 136, sur l'Assemblée législative, à laquelle vous rendez la justice qui lui est due.

« Cette justice devient de la clémence quand vous daignez vous occuper de moi. Et cependant j'ai à réclamer contre une de vos appréciations. Comment avez-vous pu supposer que je repoussais ce que vous appelez le mot de Cavour : « *L'Eglise libre dans l'Etat libre ?* » Mais ce mot, c'est moi qui l'ai inventé et qui l'ai prononcé le premier, ainsi que Cavour lui-même l'a reconnu, ainsi que vous le verrez dans ma *première lettre* à ce personnage et encore mieux dans ma *seconde*, en tête du tome IX de mes Œuvres, dont j'ai chargé mon éditeur de vous expédier un exemplaire par la poste. Croyez bien, je vous prie, que je réprouve la théocratie autant que vous et probablement plus encore, car j'en connais mieux les périls et les douleurs.

« Quoi qu'il en soit, je saurai toujours bien bon gré à notre pauvre commission de l'assistance publique dont toutes les bonnes intentions ont si tristement avorté, de m'avoir mis en relations avec un homme tel que vous. Nous ne nous reverrons jamais ici-bas. Atteint depuis quatre ans d'une maladie incurable, ou, pour mieux dire, d'une infirmité funeste qui m'interdit à la fois le travail et le mouvement, je n'ai plus l'espoir d'aller un jour, comme je le voulais, frapper à votre porte à Auxerre. Mais nous nous retrouverons bientôt, s'il plaît à Dieu, dans ce monde meilleur auquel nous croyons tous deux, et d'ici là je serai toujours votre tout dévoué et très obligé serviteur, « CH. DE MONTALEMBERT. »

reuse victoire qui vient d'assurer aux Etats-Unis le triomphe du Nord sur le Sud, c'est-à-dire du pouvoir légitime sur une révolte inexcusable, de la justice sur l'iniquité, de la vérité sur le mensonge, de la liberté sur l'esclavage. On sait assez que nous n'avons pas l'habitude d'encenser la victoire, d'applaudir aux vainqueurs; c'est la première fois que cela nous arrive depuis plus de trente ans; l'on peut être bien sûr que nous n'abuserons pas de cette nouveauté et que nous n'en ferons pas une habitude. Que l'on nous permette donc de nous livrer aujourd'hui sans réserve à une joie si rare, en rapprochant notre émotion actuelle de ces jours trop vite passés, où la Charte de 1814, l'affranchissement de la Grèce, l'émancipation des catholiques anglais, la conquête de l'Algérie, la création de la Belgique, venaient successivement orner la jeunesse de ce siècle, réjouir et fortifier les cœurs libéraux et marquer les étapes du véritable progrès. Voici de nouveau, après un long intervalle, une victoire heureuse. Voici, une fois du moins, le mal vaincu par le bien, la force qui triomphe au service du droit et qui nous procure cette jouissance singulière et souveraine d'assister dès ce monde au succès d'une bonne cause servie par de bons moyens et gagnée par d'honnêtes gens. »

Jouissance singulière, en effet, et que les événements accomplis depuis cette époque ne nous feront pas paraître moins singulière et moins digne d'envie !

Mais comme on retrouve bien dans ces accents émus le partisan toujours et quand même de la liberté et du droit ! On peut dire que les principes de liberté furent la grande croyance politique de sa vie, comme la foi catholique fut sa croyance religieuse. Sous l'empire des préjugés de notre temps il s'est trouvé, il se trouve encore des esprits, sincères d'ailleurs, mais assurément dévoyés sur ce point, pour opposer ces deux croyances l'une à l'autre et élever contre d'aussi nobles aspirations je ne sais quelle incompatibilité entre l'amour de la liberté, la foi à la liberté et la foi religieuse!... Je n'ai pas à rechercher ici les causes qui ont amené et maintiennent ce déplorable malentendu, source de bien des malheurs; mais, l'histoire à la main, je vous prierai de remarquer, Messieurs, que le scepticisme et le doute n'ont jamais rien enfanté de solide ni de durable, et qu'aux jours de leur prospérité et de leur vraie grandeur les sociétés humaines ont toujours été soutenues par de fortes croyances. Le peuple juif avait la foi quand, sous le sceptre glorieux des David et des Salomon, il jetait autour de lui un éclat incomparable; les républiques de la Grèce avaient la foi quand elles repoussaient victorieuses les hordes asiatiques au nom de la patrie et de la liberté; et c'est quand elle commença à ne plus croire à ses dieux que Rome glissa dans les hontes et les orgies du césarisme. De nos jours c'est la race restée, au fond, la plus croyante, qui voit ses horizons et ses destinées grandir sans cesse et qui, de Londres à New-York, de Québec à Madras et à Melbourne, en Angleterre, en Amérique, dans l'Inde et jusqu'aux antipodes australes, se développe, s'étend et marche, glorieuse et prospère, à la conquête pacifique du monde! — Nous, Messieurs, nous n'avons plus ni foi religieuse ni foi politique, et après vingt années d'un règne que je n'ai pas à qualifier ici, nous nous agitons au fond d'un abîme, dans une crise douloureuse dont nul ne saurait encore entrevoir le terme !

C'est parce que Montalembert avait de profondes croyances politiques et une foi religieuse inébranlable qu'il fut, comme O'Connel, un grand citoyen et un grand chrétien, et c'est pour cela qu'il est et qu'il restera un grand homme.

Toujours fidèle à lui-même, il souffrit cruellement dans son amour pour le droit et pour la liberté quand, après quelques hésitations dont très-peu d'hommes furent absolument exempts à la suite du coup d'État de 1851, il vit quel usage le Prince-Président entendait faire de la dictature qu'il s'était fait attribuer. Dès le 28 janvier 1852, il protesta contre la confiscation arbitrairement rétablie au préjudice de la famille d'Orléans, et, député au Corps législatif du second Empire, il fut, pendant toute la durée de cette première législature, le *seul* qui fît entendre au parlement une voix libre et indépendante. Dans une des dernières lettres qu'il nous ait été donné de recevoir de lui, il en exprimait sa douleur dans un langage dont la vigueur et l'énergie ne vous surprendront pas sous une telle plume :

« Les années que j'ai passées au Corps législatif de 1852 à 1857, m'écrivait-il à la date du 14 octobre 1869, sont certainement les plus tristes et les plus méritoires de toute ma vie. Les douleurs matérielles que l'implacable maladie m'a fait connaître depuis lors ne sont rien auprès des angoisses morales que j'ai traversées pendant cette sombre et affreuse période. Je défendais *seul* alors, j'ose le dire, l'honneur et la liberté de la France, sans que personne m'en sût le moindre gré, ou eût même l'air de s'en apercevoir dans le public. Je combattais en désespéré contre d'affreux reptiles dans une cave sans air et sans lumière. »

Ce furent ses dernières luttes parlementaires. Au renouvellement du Corps législatif sa candidature, comme bien on pense, ne put tenir contre l'ingénieux et trop efficace système des candidatures officielles : mollement soutenu, presque abandonné lors de la lutte électorale par ceux-là même qui lui devaient tout quant à la cause sacrée dont ils étaient les représentants directs, il succomba devant l'effort puissant de l'administration locale.

L'infatigable jouteur retourne alors à ses armes premières et reprend cette plume avec laquelle, le premier de sa race qui n'eût pas combattu par l'épée, il avait déjà soutenu l'effort de tant de luttes. Mais la presse était peu libre sous l'Empire. Plusieurs *avertissememts* à la revue (1) qui recevait le plus souvent les écrits de polémique de ce chevalier de la plume et de la parole, et trois procès politiques célèbres, dans l'un desquels la grande voix de Berryer eut un éclat qui traversa tous les obstacles, furent le prix des nouveaux efforts de cet écrivain incommode et obstiné qui ne savait pas se taire.

II

Après avoir essayé, Messieurs, de vous représenter, dans quelques-uns des actes de l'homme politique, ce que fut le caractère du citoyen, il me reste à esquisser quelques traits de la physionomie de l'homme privé.

(1) *Le Correspondant.*

Nous avons vu Montalembert entrer à vingt-et-un ans dans la vie publique par le procès de l'Ecole libre. Deux ans après, le 19 décembre 1833, nous le retrouvons simple touriste à Marbourg, ville de la Hesse-Électorale, occupé à étudier l'église gothique qu'elle renferme. L'étude de l'art, et particulièrement de l'art au moyen-âge, était l'un des entraînements de cette âme ardente et éprise du beau; l'architecture surtout, avec ses vieux monuments, vraies annales de pierre et témoins irrécusables du passé, avait trouvé dans le jeune écrivain un amant chaleureux, un champion infatigable. Déjà la *Revue des Deux-Mondes*, du 1er mars précédent, avait publié de lui une *Lettre à M. Victor Hugo* sur le *Vandalisme en France*, lettre que tout le monde a lue et qu'on ne relit jamais sans être entraîné avec l'auteur dans sa brûlante indignation contre les destructeurs de tous les vieux souvenirs : « On n'épargne rien, s'écrie-t-il; la hache dévastatrice atteint également les forêts et les églises, les châteaux et les hôtels-de-ville : on dirait une terre conquise d'où les envahisseurs barbares veulent effacer jusqu'aux dernières traces des générations qui l'ont habitée. »

En Allemagne, il se préoccupa surtout d'examiner les anciens monuments, et l'étude de l'église gothique de Marbourg nous a valu son premier ouvrage historique, lequel est en même temps un chef-d'œuvre littéraire : j'ai nommé l'*Histoire de Sainte Elisabeth de Hongrie duchesse de Thuringe*, dans laquelle on ne sait quoi plus admirer de l'érudition du savant, des inspirations du poète, ou de l'impartialité et de l'indépendance des jugements de l'historien. L'introduction de cet ouvrage est elle-même, au point de vue de l'ethnographie, de l'archéologie, des beaux-arts et de l'histoire générale au XIIIe siècle, une œuvre remarquable. Parmi l'énumération des chefs-d'œuvre que ce siècle vit éclore dans toute l'Europe, vous ne serez pas surpris, Messieurs, mais il vous sera agréable d'apprendre que la cathédrale d'Auxerre est citée (1215).

L'ogive a toutes les prédilections du jeune historien ; écoutez-en la poétique description : « Il faut à cette vive flamme de la foi le moyen de se transformer en pierre et de se léguer ainsi à la postérité. Il faut aux pontifes et aux architectes quelque combinaison nouvelle qui se prête et s'adapte à toutes les nouvelles richesses de l'esprit catholique : ils la trouvent en suivant ces colonnes qui s'élèvent vis-à-vis l'une de l'autre dans la basilique chrétienne, comme des prières qui, en se rencontrant devant Dieu, s'inclinent et s'embrassent comme des sœurs : dans cet embrassement ils trouvent l'ogive (1). »

Ce goût pour l'ogive et l'architecture qui en découle ne rend pas le jeune Montalembert injuste pour les chefs-d'œuvre enfantés dans d'autres styles. La basilique de Vézelay, ce type magnifique d'architecture romane, qu'il a, le premier, signalé à l'attention du gouvernement de Juillet et qu'il a ainsi contribué à conserver à l'admiration des contemporains et de la postérité, en le faisant classer parmi les monuments historiques (2),

---

(1) *Histoire de Sainte-Élisabeth*, *Introduction*, p. 93-94 (édition de 1844).

(2) Vers 1840, M. de Montalembert, en excursion de touriste, arriva à Vézelay au moment où une escouade d'ouvriers ve-

prouve, comme d'ailleurs tous ses écrits, que son esprit n'était rien moins qu'exclusif. C'était un esprit large, passionné pour la vérité comme pour le beau, mais impartial et bienveillant. Sous l'impression de ses accents énergiques et indignés qui, si souvent, ont retenti à la tribune ou dans la presse, on n'a pas assez remarqué ce côté sympathique de sa physionomie : il y avait chez lui non-seulement un fond de grande bienveillance, mais une exquise tendresse de cœur. Je n'en veux pour preuve que ce passage touchant dans lequel l'historien d'*Elisabeth* dépeint la scène de la séparation de la duchesse de Thuringe d'avec le duc Louis, son mari, partant pour la croisade :

« Ce fut au milieu de ses chevaliers, venus des extrémités de ses Etats, et du peuple qui se pressait pour voir une dernière fois son prince chéri, que Louis dut s'arracher des bras de tous ceux qu'il aimait.... Il ne pouvait retenir ses pleurs en les embrassant, et quand il se retourna vers sa bien-aimée Élisabeth, les sanglots et les larmes étouffèrent tellement sa voix qu'il ne sut lui rien dire. Alors l'entourant d'un de ses bras et sa

---

nait de donner le premier coup de marteau, en vue de la démolir, à l'antique basilique. Interrogés par le visiteur, les ouvriers répondirent qu'ils avaient ordre de renverser toute la partie antérieure de l'édifice et de n'en laisser debout que le chœur, bien assez vaste pour contenir la population entière de la petite ville de Vézelay. Profondément ému d'un tel acte de vandalisme, M. de Montalembert, membre du comité des monuments historiques, arrêta le bras des ouvriers et fit immédiatement d'actives démarches qui sauvèrent de la destruction l'admirable édifice.

mère de l'autre, il les tint ainsi toutes deux contre son cœur sans pouvoir parler, en les couvrant de ses baisers et en versant d'abondantes larmes pendant plus d'une demi-heure. A la fin il dit : « Ma mère chérie, il faut « que je te quitte ; je te laisse au lieu de moi tes deux « autres fils, Conrad et Henri ; je te recommande ma « femme dont tu vois l'angoisse. »

« Mais ni la mère, ni l'épouse ne voulaient se détacher de l'objet de leur amour, et le retenaient chacune de son côté. Ses frères et les autres chevaliers se pressaient confusément autour de ce groupe douloureux. Tous les cœurs étaient émus, tous les yeux humides, en voyant ce fils si pieux, cet époux si tendre et si fidèle, cherchant à se dérober aux derniers embrassements des êtres qu'il aimait le plus au monde, pour aller servir Dieu au péril de sa vie. Le pauvre peuple mêlait sa douleur sincère et bruyante à celle des princes et des guerriers....

« Quand le duc put enfin se dégager des embrassements de sa mère, il se vit comme emprisonné par les chevaliers qui restaient, et par ce pauvre peuple auquel il était, à juste titre, si cher ; chacun voulait le retenir, l'embrasser encore, lui prendre la main, ou au moins toucher ses vêtements ; mais lui, étouffé par les larmes, ne répondait à personne. Ce ne fut qu'après maints efforts qu'il put se frayer un chemin vers l'endroit où l'attendait son coursier : s'étant jeté dessus, il se plaça au milieu des croisés, et partit en mêlant sa voix aux chants sacrés qu'ils répétaient en chœur.

« Sa bien-aimée Elisabeth était encore auprès de lui, car elle n'avait pu se résigner à recevoir ses adieux en même temps que tous les autres, et elle avait obtenu de pouvoir l'accompagner jusqu'à la frontière de Thuringe. Ils chevauchaient ainsi à côté l'un de l'autre, le cœur accablé de tristesse.... Arrivée à la frontière du pays, la jeune duchesse n'eut pas le courage de le quitter là, et fit encore une journée de route à ses côtés, puis une seconde, vaincue et entraînée par la douleur et l'amour.... Cependant il fallut enfin céder; et cet amour divin, qui est fort comme la mort, vainquit dans ces deux tendres et nobles cœurs l'amour de la créature (1). »

Tel était à vingt-trois ans le cœur d'où avaient pu s'échapper de si touchants accents, tel on le retrouvait plus de trente ans après au sein du foyer domestique et dans les épanchements de l'amitié.

La cruelle maladie qui, pendant les quatre dernières années de sa vie, l'a tenu cloué sur une chaise longue, lui permettant à peine quelques rares courses en voiture, n'avait en rien altéré cette aménité, cette bienveillance, cet aimable enjouement qu'ont connu et apprécié tous ceux auxquels il a été donné de l'approcher.

Je crois le voir encore, dans son château de La Roche en Brenil, étendu devant son bureau couvert de livres, au milieu d'un vaste cabinet de travail dont les quatre murs disparaissaient derrière les étagères chargées de livres, du sol jusqu'au plafond; ou bien le soir jusqu'à neuf heures dans son salon, au milieu de sa famille; ou bien encore dans l'après-midi quand il faisait beau,

(1) *Histoire de sainte Élisabeth*, p. 366 à 370.

parcourant dans une américaine conduite par un dévoué et fidèle régisseur, le domaine entourant le manoir. Ni la douleur, ni l'affaiblissement causés par la maladie n'avaient eu prise sur cette activité indomptable: le parcours en voiture dans son domaine n'était point, pour le noble comte, une simple promenade de santé ; il surveillait et dirigeait les exploitations de ces terres granitiques du Morvan bourguignon principalement couvertes de bois en partie créés par lui dans des bruyères arides, et il le faisait suivant les plus saines traditions de l'art agricole et forestier (1). Quand on a eu la rare fortune de prendre part, côte à côte avec l'illustre malade, à ces sylvestres excursions, et qu'on a pu apprécier ainsi *de visu* et *de auditu* la méthode et la direction qu'il suivait pour l'aménagement et l'amélioration de ses bois, le régime de ses étangs et la culture de ses terres, il est permis de s'étonner qu'au milieu de tant de travaux, au sein d'une existence, comme vie publique si éclatante, si occupée et si remplie par le

(1) La terre de La Roche en Brenil avait été achetée par M. de Montalembert quelques années après son mariage. Elle se composait principalement de bois taillis et de maigres pâtures ou de friches, le tout en côtes accidentées, parsemées de blocs de granit et entrecoupées d'étangs et de cours d'eau. Une pensée esthétique s'empara tout d'abord de l'esprit du nouveau propriétaire : il voulut embellir le paysage. Une pensée charitable, celle de répandre quelqu'aisance dans le pays en y créant des travaux, lui suggéra les moyens d'exécution. C'est ainsi qu'il couvrit d'arbres verts de diverses essences ces côteaux arides qui ont acquis par là une valeur relativement considérable, et que, cherchant le beau et le bien, il rencontra par surcroît le profitable et l'utile.

travail de cabinet comme vie privée, une place aussi large encore ait pu être faite à l'étude et à la pratique des affaires et de la vie rurales. C'est que, à une facilité merveilleuse, à la promptitude de l'intelligence, à la plus vaste mémoire, à une puissance et à une rapidité de lecture peu communes, il joignait l'insatiable curiosité de l'esprit, l'opiniâtreté au travail et, sur toute question, une compétence pour ainsi dire universelle.

S'il est vrai, comme l'a dit Buffon, que le style soit l'homme, n'est-il pas vrai également que l'homme se retrouve dans toute œuvre intime qui émane de lui ? La disposition au dehors, l'aménagement à l'intérieur et jusqu'à l'ameublement d'une demeure, ne reflètent-ils pas les goûts, les tendances et même la forme d'esprit de celui qui l'habite ? Sous ce rapport, rien ne saurait mieux que le manoir de La Roche en Brenil donner une idée exacte de la manière d'être de celui qui en fût près de trente ans le possesseur, et aussi, — il n'est que juste de le dire, — de la famille si digne de lui dont il était entouré. Dans ce château aux murs épais, couverts d'un manteau de pampres et de lierre, dont les tours baignent leur pied dans un fossé large et plein d'eau, mais dont aucun pont-levis, aucun appareil guerrier ne défendent plus les approches (1), règne, en place de luxe, un goût artistique et austère. Sur les frontons, sur les corniches des fenêtres, de fières inscriptions sont gravées dans la pierre :

Fero et spero
Donec criminis fortunam pudeat sui.

(1) M. de Montalembert les avait supprimés.

Plus loin :

Ou bien, ou rien!

Puis ce noble dicton de la maison de Mérode à laquelle appartient madame de Montalembert, et qui seyait d'ailleurs si bien à celui qui fut son époux :

Plus d'honneur que d'honneurs.

Quand on passe le seuil de la porte d'entrée, si on laisse l'escalier de pierre qu'on voit s'élever devant soi pour se diriger sur la gauche, on entre dans une vaste salle carrelée qui prend jour des deux faces opposées, par quatre fenêtres y compris une porte vitrée, ce qu'on appelle en langage héraldique une « salle des gardes » mais ce que, — si je ne me trompe, — on appelait volontiers chez M. de Montalembert du nom plus conforme aux habitudes parlementaires de « salle des pas-perdus. » Sur les poutres et les solives qui font saillie au plafond de cette pièce simplement meublée, le maître de la maison a dédaigné de faire tracer de vulgaires ornements ; mais des sentences en harmonie avec celles qui se voient à l'extérieur et entremêlées de sobres et élégantes arabesques les remplacent avec avantage, telles que :

Ni espoir, ni peur !
Pour l'âme et l'honneur !

Sur la corniche qui règne tout autour de la salle au joignant du plafond, on lit toute une anecdote historique tirée d'un chroniqueur du temps auquel elle se rapporte. Rien ne résume mieux que cette inscription l'esprit politique et la vie publique tout entière de l'adversaire constant et intraitable de tous les abus de pouvoir.

« Le duc Charles ne mesurait toutes choses qu'à l'aulne de sa volonté et de son profit particulier et fit proposer aux Estats de nouveaux subsides et impositions estranges. Mais les sires de Jonvelle, de Charny, de Myrebeau et autres vrays Bourguignons, firent la réponse pour tout le corps des Estats....... « Dites à Messire le Duc que nous luy sommes très-humbles et très-obéissans subjects et serviteurs; mais quant à ce que vous nous proposez de sa part, il ne se fit jamais, il ne se peut faire, il ne se fera pas. » Petits compagnons n'eussent pas osé tenir ce langage.
(Saint-Julien de Balleure, p. 68.) »

Pour lire ce récit, il faut faire tout le tour de la salle, et la lecture s'en termine à la porte du salon. Dans cette nouvelle pièce, nouvelles inscriptions, et, parmi elles, celle-ci qui couvre une forte poutre traversière :

J'obéis à qui je dois;
Je sers à qui me plaît;
Je suis à qui me mérite.

En descendant de ces hauteurs, l'œil se repose sur la disposition intérieure de la salle; au fond et à peu près en face de la porte une énorme cheminée dans le sein de laquelle brûleraient des bûches de deux mètres de long. Au milieu, sur un tapis qui ne revêt que partiellement le carrelage ciré, un vaste guéridon couvert de miniatures, d'albums, de livres de choix : autour, des siéges. Dans un angle de la salle, un piano ; dans un autre, une table en chêne sculpté. Aux murs d'antiques tapisseries encadrées de larges baguettes dorées, et quelques portraits de famille.

C'est dans ce milieu, où un goût sûr et élevé a intentionnellement mis l'ameublement en harmonie avec le style sévère de l'édifice, que la soirée réunissait toute la famille et les hôtes du château dans la plus charmante causerie intime à laquelle il nous ait jamais été donné d'assister. Rien de futile, rien de frivole dans ces conversations auxquelles chacun prenait part; la politique, l'histoire, l'art et la littérature en faisaient les frais; et cependant rien que simplicité, naturel, aimable enjouement, dans cet intérieur où la distinction la plus vraie se mariait à la cordialité la plus franche.

Dans les derniers mois, une modification de triste augure dut être introduite : le cher malade ne pouvait pas toujours supporter sans fatigue ces douces causeries qui suivaient chaque repas et auxquelles, — est-il besoin de le dire? — il prenait la part la plus appréciée. Il se faisait alors transporter soit dans le cabinet tapissé de livres dont il a été parlé plus haut, soit quand le temps était beau, sur un perron auquel donnait accès la porte vitrée de la « salle des pas perdus. » Là, chacun était appelé à tour de rôle à un inappréciable tête-à-tête; là, tout ce qu'il y avait de bienveillant, d'affectueux, de tendre dans cette âme généreuse, se révélait dans les plus doux épanchements à ceux qu'elle honorait de sa précieuse amitié.

C'est à ceux-là — et ils sont nombreux, et parmi eux les humbles et les petits figurent pour une part abondante, — c'est à ceux-là qui, en dehors de l'homme public ont connu l'homme privé, qu'il appartient de rendre à sa mémoire le tribut d'affectueux respect, de sympathie et de reconnaissance qu'attire irrésistiblement à elle toute grande âme servie par un cœur d'élite.

Puisse cette pâle esquisse contribuer à établir un tel témoignage ! L'âge contemporain n'a pas toujours été juste pour Montalembert; sa fière indépendance cessa d'être comprise à la suite de l'abaissement général des caractères, et c'est de ceux-là mêmes dont il avait défendu les principes et qui partageaient sa foi, que lui vinrent les attaques les plus injustes et les moins mesurées. La postérité, plus équitable, rétablira les droits de la vérité et les mérites de chacun : *Suum cuique.* Elle justifiera la devise gravée sur le fronton du manoir :

Fero et spero!

www.ingramcontent.com/pod-product-compliance
Lightning Source LLC
Chambersburg PA
CBHW060914050426
42453CB00010B/1710